ADHÉSION

A LA

CONVENTION DE BERNE

(*Concernant la protection des œuvres littéraires et artistiques*)

DU 9 SEPTEMBRE 1886

AVEC

L'ACTE ADDITIONNEL ET LA DÉCLARATION INTERPRÉTATIVE

DU 4 MAI 1896

RAPPORTEUR :

M. OTTO MÜHLBRECHT (BERLIN)

EXTRAIT

DU

PROCÈS-VERBAL DU TROISIÈME CONGRÈS INTERNATIONAL DES ÉDITEURS

TENU A LONDRES 7-10 JUIN 1899

PARIS

CERCLE DE LA LIBRAIRIE

117, BOULEVARD SAINT-GERMAIN, 117

1900

ADHÉSION

A LA

CONVENTION DE BERNE

PARIS

IMPRIMERIE J. DUMOULIN

5, RUE DES GRANDS-AUGUSTINS, 5

ADHÉSION

A LA

CONVENTION DE BERNE

(Concernant la protection des œuvres littéraires et artistiques)

DU 9 SEPTEMBRE 1886

AVEC

L'ACTE ADDITIONNEL ET LA DÉCLARATION INTERPRÉTATIVE

DU 4 MAI 1896

RAPPORTEUR :

M. OTTO MÜHLBRECHT (BERLIN)

EXTRAIT

DU

PROCÈS-VERBAL DU TROISIÈME CONGRÈS INTERNATIONAL DES ÉDITEURS

TENU A LONDRES 7-10 JUIN 1899

PARIS

CERCLE DE LA LIBRAIRIE

117, BOULEVARD SAINT-GERMAIN, 117

1900

ADHÉSION

A LA

CONVENTION DE BERNE

Au premier Congrès international, tenu à Paris en juin 1896, on a discuté la question de savoir, si une entente préalable entre les différentes associations de libraires (Cercle de la librairie de Paris, Boersenverein der deutschen Buchhandler, etc.) serait jugée utile pour provoquer l'adhésion des autres États à la Convention de Berne.

Sur l'instante recommandation de M. Morel, l'éminent directeur du bureau de la Convention de Berne, à Berne, on décida qu'une tentative dans ce but était désirable et devait être réalisée.

Le Cercle de la librairie à Paris a été chargé de se mettre en rapport à cet égard avec les autres associations de libraires, afin d'exercer leur influence sur leurs gouvernements respectifs, et obtenir par eux l'adhésion des États non encore affiliés à la Convention de Berne.

La résolution prise à cette époque est ainsi conçue :

« Adhésion à la Convention de Berne : Le Congrès décide que les différentes associations se mettront en relation ensemble, afin d'étudier et de provoquer toutes les mesures propres à entraîner des adhésions à la Convention de Berne.

« Le Cercle de la librairie de Paris sera chargé de prendre l'initiative de l'entente à établir avec les autres associations. »

Ce texte a été ratifié par le Congrès, le 16 juin 1896. Trois années se sont écoulées depuis cette date, et la résolution ci-dessus n'a encore produit aucun effet appréciable. Conséquemment, le rapporteur a jugé utile, d'accord avec les autres délégués du « Boersenverein der deutschen Buchhändler » de soumettre à nouveau cette question au troisième Congrès international.

Comme elle est d'une importance capitale pour les libraires de tous les pays, elle mérite d'être agitée continuellement, jusqu'à ce que la Convention de Berne ait obtenu l'attention qui lui est due.

Il est superflu de citer les noms des États ne faisant pas partie de la Convention de Berne; il suffit de désigner ceux qui intéressent le plus les éditeurs et qui sont : les États-Unis de l'Amérique, la Russie, la Hollande, la Suède et le Danemark.

Il est surtout désirable d'entretenir avec l'Amérique des relations meilleures que celles existant actuellement, et basées sur la loi du droit d'auteur du 3 mars 1891 (d'autant qu'elle intéresse l'Allemagne en vertu du traité du 15 janvier 1892 et la proclamation du président des États-Unis du 15 avril 1892).

Les autres pays, notamment l'Angleterre, se trouvent, à l'égard de l'Amérique, dans des conditions aussi désastreuses que l'Allemagne.

Les formalités auxquelles tous les éditeurs sont astreints pour avoir le droit de réclamer la protection du gouvernement des États-Unis, sont tellement compliquées, qu'elles occasionnent souvent des doutes et des mécomptes. La prescription en vertu de laquelle les livres, les photographies, les impressions en couleurs et les lithographies, pour jouir de cette protection, doivent être exécutés en Amérique même et qu'un exemplaire doit être présenté le jour même de la publication au bureau du bibliothécaire du Congrès, rend, dans la plupart des cas, impossible à un éditeur européen d'obtenir ce droit protecteur en Amérique, tandis que les Américains en jouissent en Europe, sans avoir à accomplir des obligations aussi dures. Leurs exigences deviennent d'année en année encore plus oppressives, de sorte qu'une modification de régime est à souhaiter.

Il semble qu'en ce moment un changement dans la politique commerciale des États-Unis soit sur le point de se produire, et il serait peut-être possible d'y aider dans le sens indiqué.

Que le troisième Congrès international veuille donc bien décider d'appeler l'attention des autorités compétentes sur la nécessité d'ouvrir des négociations avec l'Amérique.

Quant à la Russie, les conditions y sont aujourd'hui encore trop défavorables, parce que la protection du droit d'auteur indigène y est si peu développée, qu'on ne saurait compter sur une adhésion prochaine du pouvoir à la Convention de Berne. Mais il y a là un nombre d'auteurs toujours grandissant, qui travaillent sans relâche à écarter les obstacles actuels. Car on compte déjà, dans la littérature russe, une imposante série d'œuvres scientifiques et littéraires dont la protection contre la reproduction et la traduction à l'étranger doit être tout aussi désirable aux auteurs et éditeurs russes, que l'est celle, vis-à-vis de la Russie, des auteurs et éditeurs de l'Europe occidentale. Si l'on appuie au dehors, d'une façon appropriée et constante, les efforts des confrères russes, la possibilité d'un changement de législation de ce pays, dans le sens de l'Europe occidentale, deviendra plus prochaine, et l'adhésion à la Convention de Berne s'en trouvera préparée. En raison de cela, le troisième Congrès international des éditeurs ne devrait pas manquer d'agir aussi dans cette voie.

Parmi les États n'ayant pas encore adhéré à la Convention de Berne, se trouve aussi la Hollande, qui n'a conclu jusqu'à présent que trois conventions littéraires, avec la France, en 1855 (avec amendement en 1860), avec la Belgique en 1858 et avec l'Espagne en 1863. Dans chacune d'elles, la Hollande s'est réservé le droit de traduction. Pour la conclusion d'une convention littéraire entre l'Allemagne et la Hollande, le rapporteur lutte depuis plus de trente ans, mais hélas ! sans succès jusqu'à présent.

On ne peut pas dire que les adversaires d'une convention littéraire avec la Hollande ont tout à fait tort de se tenir sur la réserve. La vérité est qu'ils auraient plus à y perdre qu'à gagner.

La littérature de la Hollande au point de vue de la quantité est si peu productive, comparée avec celle de l'Allemagne, de l'Angleterre et de la France, que la protection de ses ouvrages au dehors aurait peu d'importance pour les auteurs et éditeurs hollandais, en présence de la liberté coutumière dont ils usent à l'égard des œuvres littéraires de l'étranger, à l'exception de celles de la France, de la Belgique et de l'Espagne, qui sont protégées par des conventions. Mais cette liberté d'user de la propriété d'autrui, spécialement pour des traductions, est en violente opposition avec les idées sur le droit et la justice qui règnent actuellement dans les grands États civilisés adjacents. La conséquence de cet état de choses est le nombre toujours grandissant de conflits, très préjudiciable aux parties intéressées en Hollande, et touchant à leur honneur.

C'est pourquoi on abandonne le point de vue du droit, de plus en plus insoutenable pour celui de l'honneur commercial.

Trente-deux auteurs et éditeurs importants ont créé, l'année dernière, un « Berner Conventie Bond », qui compte aujourd'hui déjà beaucoup de membres dans toutes les classes de la population, et notamment des hommes d'État, des députés, des juristes, des savants, des artistes, des libraires et des éditeurs de musique.

Cette union s'est proposé comme seul et unique but l'adhésion de la Hollande à la Convention de Berne, et elle cherche à l'atteindre par des pétitions adressées au gouvernement hollandais.

Le résultat immédiat fut, que les adversaires de ce mouvement en Hollande se sont réunis dans un « Anti-Berner Conventie Bond » qui chercha et trouva des membres dans les mêmes classes sociales.

Cette société invita le gouvernement à maintenir l'attitude d'opposition qu'il avait gardée jusqu'à présent.

Le gouvernement lui-même ne s'est pas encore prononcé dans cette affaire, et la discussion se continue dans les journaux quotidiens et professionnels des deux partis.

Le moment actuel semble au rapporteur très opportun d'aller au secours du parti favorable à l'adhésion à la Convention de Berne par l'intermédiaire du troisième Congrès international des éditeurs.

Il faudrait tenir compte de ce qui suit.

Comme il n'y a pas de doute que les Hollandais auraient à faire des sacrifices en matière de droit d'auteur par l'adhésion à la Convention de Berne, sacrifices qu'on ne pourrait contre-balancer dans le même domaine, il serait, par conséquent, juste et équitable de les récompenser par des concessions sur d'autres terrains.

En raison des importantes relations commerciales de la Hollande avec les autres États, il ne manque pas d'occasions à cet égard.

Ce devrait être la tâche des gouvernements de faire dépendre, au moment propice, la conclusion d'un autre traité, précieux pour la Hollande, de son adhésion à la Convention de Berne. Ce fut de cette façon que la France avait conclu avec la Hollande, en 1855, sa convention, quoique peu satisfaisante sous certains rapports; mais elle avait refusé la conclusion d'un traité de commerce et de navigation sans une convention littéraire.

Par de semblables dédommagements de la Hollande, les adversaires de la Convention de Berne seront privés de toute raison de continuer leur opposition, et le gouvernement pourra conclure ce traité, sans avoir à craindre de blesser l'opinion publique du pays. Le gouvernement lui-même a prouvé qu'il est prêt à une telle démarche, en signant le 13 mai 1884 un projet de loi avec l'Allemagne, qui, en effet, n'a manqué d'obtenir force de loi que par l'opposition de la deuxième Chambre à la Haye. A cette époque, et encore il y a peu de temps, la disposition dans tout le pays était contraire ; aujourd'hui, cet état d'esprit a beaucoup changé, comme le rapporteur vient de le déclarer.

En Danemark et en Suède, la situation est semblable à celle de la Hollande. La littérature scandinave, de même que celle de la Hollande, ne peut pas être comparée à celles des grands États avancés en culture.

Par une tactique analogue à celle proposée à l'égard de la Hollande, on pourrait certainement atteindre le but avec le Danemark et la Suède, et cela d'autant plus facilement que la Norvège vient d'abandonner spontanément son opposition de se joindre à la Convention de Berne. Ce bon exemple ne tardera pas à être suivi, si on fait des avances aux États scandinaves.

Pour atteindre un résultat pratique, le rapporteur propose ce qui suit aux membres du troisième Congrès international des éditeurs :

« I. Il sera rédigé un mémoire, en français, contenant les explications du rapporteur, ainsi que les discussions et résolutions du Congrès. Ce mémoire sera signé par toutes les corporations qui ont envoyé des délégués au Congrès et tiré à cent exemplaires.

« II. Un exemplaire imprimé du Mémoire sera envoyé au bureau de la Convention de Berne, à Berne, pour être reproduit dans son organe officiel, *le Droit d'auteur*. D'autres exemplaires seront envoyés aux gouvernements des États déjà affiliés à la Convention de Berne, ainsi qu'aux gouvernements des États dont l'adhésion est désirable, en les sollicitant de bien vouloir prendre cette affaire en sérieuse consi_ dération. Les exemplaires restants seront adressés à des personnages éminents, en faisant appel à l'influence qu'ils peuvent avoir dans leurs sphères d'activité pour la propagande des idées en question.

« III. Le Cercle de la librairie de Paris sera sollicité de se charger de l'exécution de ce projet. »

Le président ouvrit alors la discussion sur la proposition de M. Mühlbrecht.

M. Aug. Belinfante (la Haye) déclara, tout en étant lui-même pour l'adhésion de la Hollande à la Convention de Berne, qu'il ne jugeait pas utile d'insister trop à présent sur une solution, car il ne croyait pas que le moment fût opportun de faire une semblable démarche. Il s'était efforcé d'engager le gouvernement hollandais à entrer dans cette voie, mais il fut désappointé par le résultat négatif de ses efforts, et à présent ses compatriotes ne veulent pas encore prêter l'oreille à ces propositions. L'association à laquelle il. appartient a décidé, dans une récente occasion, par quatre-vingts voix contre quarante, de ne même pas discuter ce sujet. Un jour, la minorité actuelle pourrait devenir majorité, et un conseil plus avisé pourrait prévaloir; mais, en attendant, il faudrait garder patience. La Hollande se laisserait convertir par un progrès graduel, mais elle déclinerait de se laisser pousser. Il avait parlé au ministre des affaires étrangères à ce sujet, mais il avait été impossible d'obtenir une promesse quelconque de ce haut fonctionnaire. D'autre part, il peut assurer que l'idée qu'on se fait généralement sur l'étendue de la piraterie littéraire pratiquée en Hollande, est fort exagérée, parce que l'honnêteté commune a enfin pris le dessus, comme cela avait aussi eu lieu, en ce qui concerne l'imitation frauduleuse ou violation des principes commerciaux qui grandissaient il y a cinquante ans, mais qui n'existent plus dans la pratique aujourd'hui.

M. O. Mühlbrecht répond qu'il partage l'idée de M. Belinfante en ce qui concerne la nécessité d'attendre patiemment un revirement du courant; mais il a l'espoir que des discussions telles que la présente ne manqueront pas de produire une certaine impression sur l'opinion publique en Hollande.

Et, à l'égard de ce pays, il veut encore ajouter qu'il s'était efforcé en vain dans ces dernières trente-deux années d'amener le changement désiré dans l'attitude de ce pays, et qu'il connaît exactement les causes de la résistance devant laquelle tous les efforts ont échoué jusqu'ici.

Il désire conquérir la Hollande par la conviction, et il se promet beaucoup de l'effet favorable du Mémoire proposé, dont il a l'intention d'envoyer quelques exemplaires à ses collègues hollandais pour distribution.

M. Nutt (Londres). — Il importe d'accentuer que M. Mühlbrecht insiste tout particulièrement sur ce fait que ce Mémoire ne concernerait pas seulement la Hollande.

M. A. de Lange (Amsterdam) dit que le « Nederlandsche Uitgeversbond » a déclaré à la majorité que son désir est de voir la Hollande participer à la Convention de Berne (*Écoutez! écoutez!*), et il pense que depuis le dernier Congrès de Bruxelles on a apporté, en Hollande, plus d'attention à l'étude de cette question, et que beaucoup de gens ont réfléchi et ont commencé à se convaincre qu'il est de leur intérêt et de leur devoir de s'en occuper. C'est pourquoi il partage l'opinion de M. Mühlbrecht, qu'il faut entreprendre quelque chose dans le genre du Mémoire proposé, afin que la Convention reçoive la plus large publicité possible.

En effet, à Bruxelles, par exemple, nombre de membres du Congrès n'ont pu se former une opinion sur cette question, et peut-être auraient-ils même laissé la chose en état, tandis que maintenant ils ont changé d'attitude. Et de fait, il connaît plusieurs des participants à ce Congrès, qui y ont même pris la parole comme opposants, et qui, à l'heure actuelle, sont d'un tout autre avis sur cette question.

M. J.-G. Robbers (Amsterdam), déclare que plus le Congrès appuiera les idées mises en avant dans le Mémoire et aidera leur propagation en Hollande, en envoyant des exemplaires au Parlement, plus on sera proche du but qu'on veut atteindre.

Comme on l'a entendu dire, il existe une association favorable à l'adhésion à la Convention de Berne, et de même une contre-association, opposée aux efforts de la première, selon les explications de **M. Mühlbrecht**.

A cause de cela, on désire avoir l'appui du Congrès pour la propagation des meilleurs plans et idées, afin d'amener non seulement les libraires, mais aussi tous ceux qui, à n'importe quel titre, participent à des publications à se déclarer pour l'adhésion à la Convention de Berne. Il reste encore beaucoup à faire à cet égard.

Des membres de cette association, qui en compte à peu près trois cents, ont discuté l'affaire occasionnellement, et nos confrères ici présents apprendront sans doute avec plaisir qu'ils ont tenu une réunion à ce sujet il y a quelques jours à peine, et que, par conséquent, ils ont fait tout ce qu'ils ont pu et qu'ils continuent de faire tout leur possible, pour déterminer leur pays à donner son adhésion à la Convention de Berne.

Il est convaincu que plus le Congrès les appuiera dans leurs efforts pour atteindre le but, mieux ils pourront réussir.

M. J. Bonnier (Stockholm), se lève pour donner à l'assemblée quelques explications concernant la Suède. Il regrette que jusqu'à ce moment, son pays n'ait pas cru de son devoir d'adhérer à la Convention de Berne, définitivement et sans réserve, à l'exemple de sa sœur, la Norvège, qui l'a fait l'année dernière. Lui-même a activement poursuivi ce but et, il y a déjà quatre ans, il a assisté à une assemblée de sociétés qui s'occupent du droit d'auteur, et y a figuré dans la minorité qui a voté pour l'adhésion à la Convention de Berne.

Cette assemblée était réunie sous les auspices du gouvernement qui, en raison du résultat négatif obtenu, laissa tomber ce sujet.

On a cependant conclu quelques traités spéciaux avec plusieurs pays, tels que la France et l'Italie, et cette circonstance laisse espérer que, dans un avenir prochain, on signera des traités semblables avec l'Allemagne et l'Angleterre. Il a appris qu'on a repoussé au Parlement danois, en troisième lecture, une proposition en faveur de l'adhésion à la Convention de Berne.

M. Macmillan (Londres). — Monsieur le président, messieurs, je tiens à appuyer avec vigueur la proposition de M. Mühlbrecht, d'envoyer le Mémoire à tous les membres de la Convention de Berne, ainsi qu'à tous ceux dont l'adhésion est souhaitable. Mais j'estime que nous devrions comprendre, et j'en suis navré pour ma part, qu'ils ne peuvent pas actuellement, vu l'état des choses, apporter un concours utile pour une réalisation immédiate et complète de notre but.

Je ne suis point autorisé à parler au nom du commerce américain, car il y a ici, plusieurs représentants de l'Amérique ; j'ai cependant quelque expérience à cet égard, étant en contact avec ce commerce depuis plus d'un quart de siècle, et je suis obligé de vous dire, à mon grand regret, qu'il y a peu de chance en ce moment, de voir l'Amérique donner son adhésion à la Convention de Berne.

En même temps, je ne crois pas que le gouvernement ou le peuple américain puissent, en aucun cas, se sentir traités avec rudesse ou un manque de respect, en raison de la réception d'un Mémoire semblable. Il y a, aux États-Unis, beaucoup de gens intéressés dans les affaires d'éditions, qui n'y feront aucune objection.

Le fait est que nous avons fait de grands progrès dans cette contrée depuis plus de dix ans, et que nous y avons obtenu un droit d'auteur international, qui protège les littératures étrangères sous certaines conditions.

C'est déjà, en réalité, un pas tellement énorme, qu'on ne saurait espérer amener les Américains à en faire un autre, tout au moins pour le moment. La difficulté essentielle est, je crois, que les imprimeurs américains objectent énergiquement que, si l'on accorde une protection plus complète au droit d'auteur, c'est-à-dire si les États-Unis donnent leur adhésion à la Convention de Berne, on nuira aux imprimeurs américains en tant que des éditeurs anglais pourraient essayer d'envoyer des exemplaires imprimés de leurs ouvrages, pour la vente en Amérique.

Toutefois, je crois sincèrement que la chose n'aurait pas un tel effet. Il est vrai qu'on exporte maintenant un grand nombre de livres anglais en Amérique, et il en sera toujours ainsi. Mais, si un livre trouve un grand débit aux États-Unis, et qu'il en résulte des droits d'auteur importants, il y sera imprimé aussi bien, quelles que soient les conditions de propriété littéraire. En raison des conditions imposées à une édition américaine, et vu les nécessités de la fabrication, ainsi que les difficultés résultant de la conduite des travaux à distance, il y a peu ou point de tentation pour les éditeurs anglais, dont les publications trouvent un débit considérable en Amérique d'y envoyer des feuilles imprimées. Naturellement les petites éditions des livres anglais se vendraient comme par le passé, et on les imprimerait ici, et la seule différence entre les livres imprimés ici consisterait en ce qu'ils seraient protégés par le droit d'auteur, au lieu d'être livrés à la piraterie, comme ils le sont aujourd'hui. Il faut considérer que le droit d'auteur, qui est d'importance lorsqu'il s'agit d'un auteur bien connu, est rarement d'une valeur marquante quand il est question d'un écrivain nouveau.

Il est indifférent aux Américains que leurs livres proviennent d'un éditeur américain ou anglais. L'essentiel pour un éditeur, à l'égard de la question d'une édition américaine, est seulement que le succès du livre soit très grand, et, dans ce cas, c'est, sous tous les rapports, de son intérêt de le faire imprimer en Amérique même. S'il juge le sort d'un livre faussement et qu'il en fixe le prix trop bas, le droit d'auteur est presque perdu pour lui en Amérique.

C'est pourquoi il est très désirable que les États-Unis, déclarent adhérer à la Convention de Berne, pour atteindre par cela l'abolition du système d'une protection partielle ou nulle.

J'ajoute volontiers que, selon mon opinion, l'attitude de la « American Typographical Union » provient de la grande erreur de supposer que l'adoption de la Convention de Berne exercerait une influence néfaste sur leur propre commerce en Amérique.

C'est avec un grand plaisir que je soutiens la proposition de M. Mühlbrecht.

M. Engelhorn (Stuttgard) dit qu'on a accueilli avec une vive satisfaction la motion de M. Mühlbrecht et écouté le discours de M. Macmillan. Il vient justement d'une autre section du Congrès où on a discuté une thèse analogue et où M. Putnam a parlé d'une façon peu encourageante parce qu'il partage l'opinion de M. Macmillan que les imprimeurs forment le parti dominant et les auteurs et les éditeurs sont en minorité. M. Engelhorn espère toutefois que là aussi la goutte d'eau creusera le rocher, et qu'on pourra ainsi franchir les obstacles et voir poindre l'aurore du jour de la victoire. (*Applaudissements.*)

M. Barnes (New-York). — Je tiens à confirmer en parlant ici, comme éditeur américain et dans le sens de mes collègues, que, comme disait M. Macmillan, ce qui maintient la situation actuelle, c'est principalement le parti des imprimeurs des États-Unis, qui dispose de la majorité des voix. Vous savez que les électeurs sont un élément important en Amérique. (*Rires.*)

Bien entendu, ils comprennent — et en tout cas, c'est fort naturel de leur part de comprendre ainsi — que l'obligation de composer et de clicher les livres en Amérique même leur assure un gros chiffre d'affaires, qu'ils perdraient dans le cas contraire.

Mais, comme éditeur, j'appuie cette motion de tout mon cœur, et je compte que ces propositions seront imprimées et mises en circulation aux États-Unis.

Je crois que tout ce qui s'inspire d'un point de vue plus élevé au sens moral et loyal trouvera chez nous l'appui qu'il mérite, et je ne doute point que la motion n'exerce une influence, sinon de suite, tout au moins à l'avenir; et, à cause de cela, je me joins sincèrement à M. Macmillan pour appuyer la proposition de M. Mühlbrecht.

M. Mühlbrecht exprime sa satisfaction de l'accueil bienveillant que sa motion a trouvé auprès des représentants des divers pays.

Une telle résolution ne peut produire qu'un excellent effet sur l'opinion des nations qui se tiennent encore à l'écart de la Convention de Berne, puisque rien que le compte rendu de la discussion actuelle est déjà un fait tangible, quelque chose qui reste et durera.

M. J.-H. van Heteren (Amsterdam) demande la parole pour ajouter encore quelques mots concernant la Hollande. Lui-même a été l'un des trente-deux qui ont voté sans succès pour l'adhésion de la Hollande à la Convention de Berne.

Il est tout à fait de l'avis que ce pays le fera et il ne doute pas que le résultat désiré soit obtenu sous peu, puisque l'opinion publique dans les Pays-Bas est de plus en plus favorable à cette idée. C'est avec satisfaction qu'il a appris, qu'on a en vue d'exercer une certaine pression sur les autorités hollandaises et les éditeurs par le Mémoire proposé par M. Mühlbrecht.

Plus tôt cela se fera, mieux cela vaudra.

Mais même si on réussit à conclure un traité loyal et réciproquement avantageux, comme il en existe déjà un entre son pays et la France, avec l'Allemagne et l'Angleterre, ce sera un pas important dans la bonne direction.

Quant à ses collègues anglais, et surtout en ce qui concerne les auteurs anglais, il insiste sur ce point que, s'ils désirent obtenir quelque chose, ils ne doivent pas oublier que l'arrangement ne pourra aboutir que par la voie des concessions réciproques, et qu'il ne faudrait pas pousser les exigences trop loin.....

Lui-même est d'accord avec son compatriote M. Aug. Belinfante, que toute espèce de piraterie littéraire devrait être poursuivie en Hollande aussi sévèrement qu'un vol ordinaire.

Le président a soumis alors au vote la proposition ci-dessous qui a été ratifiée unanimement :

« I. — Il sera rédigé un Mémoire, en français, contenant les explications du rapporteur, ainsi que les discussions et résolutions du Congrès. Ce Mémoire sera signé par toutes les corporations qui ont envoyé des délégués au Congrès et tiré à 100 exemplaires.

« II. — Un exemplaire imprimé du mémoire sera envoyé au Bureau de la Convention de Berne, à Berne, pour être reproduit dans son organe officiel, *le Droit d'auteur*. D'autres exemplaires seront envoyés aux gouvernements des États déjà affiliés à la Convention de Berne, ainsi qu'aux gouvernements des États dont l'adhésion est désirable, en les sollicitant de bien vouloir prendre cette affaire en sérieuse considération.

« Les exemplaires restants seront adressés à des personnages éminents, en faisant appel à l'influence qu'ils peuvent avoir dans leurs sphères d'activité pour la propagande des idées en question.

« III. — Le Cercle de la librairie de Paris sera sollicité de se charger de l'exécution de ce projet. »

Ce vote a été accepté à l'unanimité par l'Assemblée générale.

Ont été représentées au Congrès les corporations suivantes :

Allemagne. — Börsenverein der deutschen Buchhändler, deutscher Verleger Verein; Leipsiger Verleger Verein; Stuttgarter Verleger Verein.

AMÉRIQUE — The American Publishers' Copyright League, New-York.

ANGLETERRE. — The Publishers' Association of great Britain and Ireland, London ; The Stationers' Company, London.

AUTRICHE-HONGRIE. — Verein der Oesterreichisch-Ungarischen Buchhändler, Vienne.

BELGIQUE. — Cercle belge de la librairie, Bruxelles.

FRANCE. — Cercle de la librairie, Paris.

ITALIE. — Associazione Tipographico-Libraria Italiano, Turin.

NORVÈGE. — Den Norsk Forlaeger-Foreniging, Christiana.

PAYS-BAS. — Nederlandsche Uitgeversbond, Amsterdam; Vereeniging ter Bevordering van de Belangen des Boekhandels, Amsterdam.

SUÈDE. — Nya Bokförläggare-Forenigen, Stockholm ; Svenska Bokförläggare Forenigen, Stockholm.

SUISSE. — Schweizerischer Buchhändlerverein, Davos ; Société des libraires et des éditeurs de la Suisse romande.

FIN